Peter Landesmann
*Die Entwicklung der Gottessicht
in der Hebräischen Bibel*

Wiener Vorlesungen im Rathaus

Band 141
Herausgegeben für die Kulturabteilung der Stadt Wien
von Hubert Christian Ehalt

Vortrag im Wiener Rathaus
am 27. Februar 2003

Peter Landesmann

*Die Entwicklung der Gottessicht
in der Hebräischen Bibel*

Picus Verlag Wien

Copyright © 2009 Picus Verlag Ges.m.b.H., Wien
Alle Rechte vorbehalten
Grafische Gestaltung: Dorothea Löcker, Wien
Druck und Verarbeitung:
Druckerei Theiss GmbH, St. Stefan im Lavanttal
ISBN 978-3-85452-541-7

Informationen über das aktuelle Programm
des Picus Verlags und Veranstaltungen unter
www.picus.at

Die Wiener Vorlesungen im Rathaus

Die große Resonanz, die der Vortrag des berühmten deutschen Soziologen Prof. Dr. René König am 2. April 1987 im Wiener Rathaus bei einem sehr großen Publikum hatte, inspirierte die Idee einer Vorlesungsreihe im Rathaus zu den großen Problemen und Überlebensfragen der Menschen am Ausgang des 20. Jahrhunderts.

Das Konzept der Wiener Vorlesungen ist klar und prägnant: Prominente Denkerinnen und Denker stellen ihre Analysen und Einschätzungen zur Entstehung und zur Bewältigung der brisanten Probleme der Gegenwart zur Diskussion. Die Wiener Vorlesungen skizzieren nun seit Anfang 1987 vor einem immer noch wachsenden Publikum in dichter Folge ein facettenreiches Bild der gesellschaftlichen und geistigen Situation der Zeit. Das Faszinierende an diesem Projekt ist, dass es immer wieder gelingt, für Vorlesungen, die anspruchsvolle Analysen liefern, ein sehr großes Publikum zu gewinnen, das nicht nur zuhört, sondern auch mitdiskutiert. Das Wiener Rathaus, Ort der kommunalpolitischen Willensbildung und der Stadtverwaltung, verwandelt bei den Wiener Vorlesungen seine Identität von einem Haus der Politik und Verwaltung zu einer Stadtuniversität. Das Publikum kommt aus allen Segmenten der Stadtbevölkerung; fast durchwegs kommen sehr viele Zuhörer aus dem Bereich der Universitäten und Hochschulen; das Wichtige an diesem Projekt ist jedoch, dass auch sehr viele Wienerinnen und Wiener zu den Vorträgen kommen, die sonst an wissenschaftlichen Veranstaltungen nicht teilnehmen. Sie kommen, weil sie sich mit dem Rathaus als dem Ort ihrer Angelegenheiten identifizieren, und sie verstärken durch ihre Anwesenheit den demokratischen Charakter des Hauses.

Es ist immer wieder gelungen, Referentinnen und Referenten im Nobelpreisrang zu gewinnen, die ihre Wissenschaft und ihr Metier durch die Fähigkeit bereichert haben, Klischees zu zerschlagen und weit über die Grenzen ihres Faches hinauszusehen. Das Besondere an den Wiener Vorlesungen liegt vor allem aber auch in dem dichten Netz freundschaftlicher Bande, das die Stadt zu einem wachsenden Kreis von bedeutenden Persönlichkeiten aus Wissenschaft und Forschung in aller Welt knüpft. Die Vortragenden kamen und kommen aus allen Kontinenten, Ländern und Regionen der Welt, und die Stadt Wien schafft mit der Einladung prominenter Wissenschaftlerinnen und Wissenschaftler eine kontinuierliche Einbindung der Stadt in die weltweite »scientific community«. Für die Planung und Koordination der Wiener Vorlesungen war es stets ein besonderes Anliegen, diese freundschaftlichen Kontakte zu knüpfen, zu entwickeln und zu pflegen.

Das Anliegen der Wiener Vorlesungen war und ist eine Schärfung des Blicks auf die Differenziertheit und

Widersprüchlichkeit der Wirklichkeit. Sie vertreten die Auffassung, dass Kritik ein integraler Bestandteil der Aufgabe der Wissenschaft ist. Eine genaue Sicht auf Probleme im Medium fundierter und innovativer wissenschaftlicher Analysen dämpft die Emotionen, zeigt neue Wege auf und bildet somit eine wichtige Grundlage für eine humane Welt heute und morgen. Das Publikum macht das Wiener Rathaus durch seine Teilnahme an den Wiener Vorlesungen und den anschließenden Diskussionen zum Ort einer kompetenten Auseinandersetzung mit den brennenden Fragen der Gegenwart, und es trägt zur Verbreitung jenes Virus bei, das für ein gutes politisches Klima verantwortlich ist.

Fernand Braudel hat mit dem Blick auf die unterschiedlichen Zeitdimensionen von Geschichte drei durch Dauer und Dynamik voneinander verschiedene Ebenen beschrieben: »L'histoire naturelle«, das ist jener Bereich der Ereignisse, der den Rhythmen und Veränderungen der Natur folgt und sehr lange dauernde und in der Regel flache Entwicklungskurven aufweist. »L'histoire sociale«, das ist der Bereich der sozialen Strukturen und Entwicklungen, der Mentalitäten, Symbole und Gesten. Die Entwicklungen in diesem Bereich dauern im Vergleich zu einem Menschenleben viel länger; sie haben im Hinblick auf unseren Zeitbegriff eine »longue durée«. Und schließlich sieht er in der »histoire événementielle« den Bereich der sich rasch wandelnden Ereignisoberfläche des politischen Lebens.

Die Wiener Vorlesungen analysieren mit dem Wissen um diese unterschiedlichen zeitlichen Bedingungshorizonte der Gegenwart die wichtigen Probleme, die wir heute für morgen bewältigen müssen. Wir sind uns bewusst, dass die Wirklichkeit der Menschen aus materiellen und diskursiven Elementen besteht, die durch Wechselwirkungsverhältnisse miteinander verbunden sind. Die Wiener Vorlesungen thematisieren die gegenwärtigen Verhältnisse als Fakten und als Diskurse. Sie analysieren, bewerten und bilanzieren, befähigen zur Stellungnahme und geben Impulse für weiterführende Diskussionen.

Hubert Christian Ehalt

Peter Landesmann
Die Entwicklung der Gottessicht
in der Hebräischen Bibel

1. Vorwort

Die Wissenschaft, die sich mit dem Begriff »Gott« auseinandersetzt, wird Theologie genannt. In der Hebräischen Bibel wird an vielen Stellen über Gott, seine Taten und seine Eigenschaften geschrieben, aber eine zusammenfassende eindeutige Klärung des Gottesbegriffes ist dort nicht zu finden.

Erst im Mittelalter wurden religionsphilosophische Werke von Juden verfasst, in denen unter anderem auch Aussagen über Gott zu finden sind. Eine jüdische Theologie, die für den jüdischen Glauben verpflichtend wäre oder zu der sich ein überwiegender Teil des Judentums bekennen würde, ist weder damals noch seither entstanden. Es gibt auch keine jüdische Instanz, deren Lehren von allen Juden als maßgebend angesehen wird. Einzelne Gruppen aber innerhalb des Judentums bekennen sich zu Glaubensrichtlinien, die in maßgebenden Werken festgelegt sind, und halten sich an Glaubensentscheidungen des von ihnen gewählten Rabbiners. Deshalb wird der jüdische Glaube von vielen nicht als Orthodoxie, sondern als Orthopraxis angesehen, weil die Ansichten über die Ausübung der Religion zwar geteilt, aber dennoch nicht so vielfältig sind wie über den Glauben.

Die Ansicht über die überwiegende Bedeutung der richtigen Religionsausübung ist schon im Buch Avot (1,17) zu finden, einem Werk, in dem Meinungen von Schriftgelehrten aufgezeichnet sind, die teilweise aus dem ersten Jahrhundert vor Christus stammen: *»Nicht die Erörterung ist die Hauptsache, sondern die Handlung.«* Ein Kommentar hierzu meint, dass die richtige Handlung die richtige Auffassung ergibt.

Die Meinungsdivergenzen innerhalb des Judentums sind auch deutlich in den Ansichten über das Entstehen der biblischen Bücher erkennbar. So glaubt der Teil der Juden, der sich als »orthodox« betrachtet, dass die Thora, die fünf Bücher Moses, von Moses eigenhändig geschrieben wurde. Juden, die den Lehren der modernen Bibelkritik folgen, fassen die Thora ebenso wie die anderen Bücher der Hebräischen Bibel als ein Werk auf, dem eine mündliche Tradierung einer ersten schriftlichen Fassung vorausgegangen ist.

Diese wurde dann wiederholt redaktionell bearbeitet, bis die uns heute vorliegenden Bücher entstanden sind. Die Zeit, in der die redaktionelle Bearbeitung fertiggestellt wurde, wird bei den verschiedenen Büchern der Hebräischen Bibel vom sechsten bis zum zweiten Jahrhundert vor Christus angenommen. Die Arbeit der Redaktion erfolgte mit einer besonderen Reverenz gegenüber den damals vorliegenden Schriften. So wurden widersprüchliche Darstellungen und Verdoppelungen im Text belassen und damit bieten sich Anknüpfungspunkte für die verschiedenen Theorien der Bibelwissenschaft.

Es muss betont werden, dass für diese Theorien keine wissenschaftlich eindeutigen Beweise vorliegen, da die ältesten aufgefundenen Schriftfragmente der Hebräischen Bibel dem zweiten bis ersten Jahrhundert vor Christus zugeordnet werden. Wir müssen uns daher notgedrungen mit dem annähernden Konsens der Bibelwissenschaftler über die Entstehungsgeschichte der biblischen Bücher begnügen.

Im Folgenden wird die Entwicklung jüdischer Ansichten über Gott dargestellt, indem von den Entstehungszeiten einzelner Bücher ausgegangen wird. Da diese Bücher redaktionelle Änderungen aufweisen, werden Verse ihrer Aussage nach bewertet und so, der Entwicklung in Richtung Monotheismus entsprechend, als älter oder jünger eingeordnet. Diese Methode ist deshalb mit einer Fehlerquelle behaftet, weil – wie wir wissen – fortschrittliche und traditionelle Ansichten vor- und nebeneinander auftreten können.

Dem möglichen Einwand gegen die Erstellung einer solchen Entwicklungslinie, dass das Resultat gleichzeitig als Beweisführung dient, kann mit dem Hinweis entgegengetreten werden, dass das Ergebnis mit den derzeitigen Erkenntnissen über die Datierung gewisser biblischen Bücher im Einklang steht.

Zu vermerken ist, dass manche Bibelzitate ohne das Zeichen »…« nicht als vollständiger Vers wiedergegeben werden, um die Lesbarkeit zu erleichtern. Die meisten Bibelzitate sind aus der Einheitsübersetzung, Stuttgart 1981, übernommen. An wenigen Stellen, wo die Einheitsübersetzung vom hebräischen Text abweicht, weil sie diesen interpretiert, wurde vom Autor eine eigene Übersetzung vorgenommen. An manchen Stellen wurde die Reihenfolge der Wörter innerhalb eines Bibelverses verändert, damit sich die Wörter der Hebräischen Bibel besser in einen Satz einfügen, aber ohne dass dadurch eine Änderung in der Aussage des Textes erfolgen würde. Die für die verschiedenen Aussagen als Beleg angeführten Bibelverse sind aus einer Reihe von ähnlich lautenden Versen ausgewählt worden.

Schließlich ist anzuführen, dass Aussagen von Glaubensinhalten über Gott so zu verstehen sind, dass diese in dieser Form in den Büchern der Hebräischen Bibel aufscheinen.

2. Der Monotheismus

Die Bezeichnung »Monotheismus« für den jüdischen Glauben, wie sich dieser Begriff am Ende einer Entwicklung darbietet, ist irreführend. Es handelt sich nämlich nicht um einen numerischen Begriff des einen Gottes, seine Bedeutung ist viel umfassender. Am treffendsten hat dies Paulus in seinem Brief an die Römer (11,36) ausgedrückt: *»Denn aus ihm und durch ihn und auf ihn hin ist die ganze Schöpfung.«* Der Gottesglaube Israels beinhaltet auch die ethischen Gesetze der Menschheit. Diese wurden durch Gott konstituiert, indem er als Inbegriff aller positiven Eigenschaften aufgefasst wird. Sein Anspruch, dass sein Geschöpf, der Mensch, diese befolge, soll das Verhalten des Menschen bestimmen.

Diese Gottessicht steht am Anfang einer Entwicklung, an deren Ende Gott als ein Wesen verehrt wird, dessen Sosein nur paradox ausgedrückt werden kann: Gott ist sowohl transzendent als auch immanent.

In diesem Widerspruch kommt sowohl die vergeistigte Auffassung über die Ferne und damit die Unerreichbarkeit Gottes zum Ausdruck, als auch die Nähe Gottes, die durch eine Gefühlsbeziehung zu Gott gegeben ist. Letzteres hat Martin Buber als eine Ich-Du-Beziehung verstanden. Gott ist der Partner im Leben des Juden, den man liebt und von dem man auch Gegenliebe erwartet, der gerecht ist und mit dem man deshalb auch rechten kann.

Der Ausgangspunkt der Gottesvorstellung hebräischer Stämme wurde im El-Kult gesehen, der bei fast allen semitischen Völkern nachzuweisen ist. Belegt ist dieser Kult durch Texte des vierzehnten Jahrhunderts vor Christus aus Ugarit, die El als obersten Gott eines Pantheons bezeugen. Die andere Gottheit, die in den Glauben Israels aufgenommen wurde und dann als einziger Gott *Israels* verehrt wurde, ist Jahwe. Dieser galt für die vor der Landnahme der Hebräer im Umkreis von Palästina lebenden Halbnomaden als Wettergott.[1] Jahwe wurde dann mit El identifiziert und so der einzige Gott der hebräischen Stammesgemeinschaft.

Die Bibeltexte, die als früh angenommen werden können, zeigen, dass der Jahwe-Kult den Anspruch erhob, Jahwe als den einzigen Gott Israels als Stammesgott zu verehren. Aus dieser Konstellation von einem Stammesgott und seinem Volk ist auch der Bund verständlich. Dieser Bund, dessen Bedeutung auch Änderungen erfahren hat, wird im nachstehenden Kapitel erörtert.

Die frühen Texte der Hebräischen Bibel sprechen von anderen Göttern, deren Verehrung dem Volk Israel streng untersagt wurde. (Ex 20,5: *»Du sollst dich nicht vor anderen Göttern niederwerfen und dich nicht verpflichten, ihnen zu dienen. Denn ich, der Herr, dein Gott, bin ein eifersüchtiger Gott.«*)

So wie Jahwe der Gott Israels war, hatten auch andere Völker einen Stammesgott, wie zum Beispiel die Moabiter. Dies ist aus dem folgenden Bibelvers zu entnehmen, in dem die erfolglose Belagerung von Kir-Heres in Moab geschildert wird: »*Nun nahm er* (der König von Moab) *seinen erstgeborenen Sohn, der nach ihm König werden sollte, und brachte ihn auf der Mauer als Brandopfer dar. Da kam ein gewaltiger Zorn über Israel. Sie zogen von Moab ab und kehrten in ihr Land zurück.*« (2 Kön 3,27) Dieses Opfer, das offensichtlich dem moabitischen Stammesgott dargebracht wurde, scheint seine Wirksamkeit nicht verfehlt zu haben. Dadurch wird von der Hebräischen Bibel die Existenz und die Macht dieses auf dem Gebiet von Moab wirkenden Stammesgottes anerkannt und bezeugt.

Bei manchen Bibelversen scheint neben der Bezeichnung »Götter« auch schon die Bezeichnung »Götzen« auf. (Psalm 97,7: »*Alle, die Bildern dienen, werden zuschanden, alle, die sich der Götzen rühmen. Vor ihm werfen sich alle Götter nieder.*«) Es wäre möglich, dass dies Einschübe sind, die von einer späteren Redaktion stammen.

Eindeutige Aussagen, in denen Jahwe als einziger Gott der Welt und andere »Götter« als Götzen gesehen wurden, stammen vermutlich aus der Zeit des babylonischen Exils und sind in den Prophetenbüchern Jesaja und Jeremia zu finden: »*Die Götzen aber schwinden alle dahin. An jenem Tag nimmt jeder seine silbernen und goldenen Götzen, die er gemacht hat, um sie anzubeten, und wirft sie den Fledermäusen und Ratten hin.«* (Jes 2,18.20) Aus der Vehemenz dieser Aussage, nebst anderen, ist zu schließen, dass damals der Götzendienst bei den nach Babylonien verschleppten Hebräern noch aktuell war.

Bibeltexte, die wahrscheinlich auf die Zeit nach dem babylonischen Exil zurückzuführen sind, drücken schon eindeutig den Gedanken an Jahwe als einzigen Gott des Universums aus, der mit der Zeit sogar von allen Völkern verehrt werden wird. Jes 44,6: *»So spricht der Herr, Israels König, sein Erlöser, der Herr der Heere: Ich bin der Erste, ich bin der Letzte, außer mir gibt es keinen Gott.«* Psalm 48.9f.: *»Gott wurde König über alle Völker, Gott sitzt auf seinem heiligen Thron. Die Fürsten der Völker sind versammelt als Volk des Gottes Abrahams. Denn Gott gehören die Mächte der Erde; er ist hoch erhaben.«*

Augenscheinlich tritt diese Entwicklung im Zurückdrängen des Anthropomorphismus und der anfänglichen Ortsgebundenheit Jahwes zutage:

Schon der griechische Philosoph Xenophanes (um 565 bis um 470 vor Christus) schrieb: »Hätten Rinder Götter, dann wären diese Rinder.«[2] Es ist daher nicht verwunderlich, dass die meisten Religionen, so auch das Judentum, am Anfang der Entwicklung ihres Glaubens ihrem Gott anthropomorphe Züge verliehen hatten.

Schon in der Schöpfungsgeschichte wird hervorgehoben, dass der Mensch als »Abbild« Gottes und ihm »ähnlich« geschaffen wurde (Gen 1,26). Auch bei der Offenbarung Gottes am Berg Horeb, als er Moses die Steintafeln mit den Zehn Geboten übergibt, taucht eine Reihe von anthropomorphen Beschreibungen auf. So heißt es: *»der Herr* (sei) *im Feuer ... herabgestiegen«* (Ex 19,18) sowie: *»Der Herr aber stieg in der Wolke herab und stellte sich dort neben ihn hin.«* (Ex 34,5). Weiters: *»Wenn meine Herrlichkeit vorüberzieht, stelle ich dich in den Felsspalt und halte meine Hand über dich, bis ich vorüber bin; dann ziehe ich meine Hand zurück, und du wirst meinen Rücken sehen. Mein Angesicht aber kann niemand sehen.«* (Ex 33,22f.) In diesem Vers ist schon die Bezeichnung »Herrlichkeit« zu finden, auf die noch eingegangen werden wird.

Es ist anzunehmen, dass Redakteure des Textes durch diese ausdrucksstarke Vermenschlichung Gottes zur Einfügung folgender Verse veranlasst wurden: *»Der Herr sprach zu euch mitten aus dem Feuer. Ihr hörtet den Donner der Worte. Eine Gestalt habt ihr nicht gesehen. Ihr habt nur den Donner gehört.«* (Dtn 4,12) Vielleicht zur Bekräftigung steht drei Verse weiter: *»eine Gestalt habt ihr an dem Tag,* *als der Herr am Horeb mitten aus dem Feuer zu euch sprach, nicht gesehen.«* (Dtn 4,15)

Auch im zweiten Buch Moses wird dieser Tendenz, Gott in Menschengestalt zu beschreiben, entgegengetreten. Ex 19,21b: »*... Mose näherte sich der dunklen Wolke, in der Gott war; die Erscheinung der Herrlichkeit des Herrn auf dem Gipfel des Berges zeigte sich vor den Augen der Israeliten wie verzehrendes Feuer.*« Ex 24,16: »*Die Herrlichkeit des Herrn ließ sich auf den Sinai herab, und die Wolke bedeckte den Berg.*«

Die Ausdrücke »die Herrlichkeit Gottes« sowie auch der »Name Gottes« und der »Schrecken des Herrn« werden öfter in der Hebräischen Bibel anstelle von »Gott« verwendet, wie anzunehmen ist ebenfalls, um einen Anthropomorphismus zu vermeiden. Lev 9,23: »*Mose ging mit Aaron in das Offenbarungszelt. Dann kamen beide heraus und segneten das Volk. Da erschien die Herrlichkeit des Herrn dem ganzen Volk.*« Dtn 16,2: »*Als Paschatiere für den Herrn, deinen Gott, sollst du Schafe, Ziegen oder Rinder schlachten an der Stätte, die der Herr auswählen wird, indem er dort seinen Namen wohnen lässt.*« 1 Sam 11,7: »*Da fiel der Schrecken des Herrn auf das ganze Volk, und sie rückten aus wie ein Mann.*«

Die auf dem Deckel der Bundeslade angebrachten zwei Kerubim, die als »Cherubenthron« aufgefasst werden können, sind für einen unsichtbaren

Gott gedacht gewesen. (Ex 25,18). So heißt es auch im zweiten Buch Samuels: »*... die Lade Gottes ..., über der der Name des Herrn der Heere, der über den Kerubim thront, ausgerufen wurde.*« (2 Sam 6,2) Die so ausgeführte Bundeslade wurde dann im Allerheiligsten des Salomonischen Tempels aufgestellt. Gleichfalls sind die Stierkälber aus Gold, die von Jerobeam I. als Kultbilder bei der Errichtung des Nordstaates Israel in Dan und in Bet-El (1 Kön 12,29) errichtet wurden, als ein Postament vorzustellen, auf dem Jahwe unsichtbar stand.[3]

Immer wieder sind Propheten gegen den Anthropomorphismus aufgetreten. Dies zeigt, wie schwierig es war und vielleicht noch ist, die Verehrung eines unsichtbaren und unvorstellbaren Gottes durchzusetzen. Es sollen dafür die Verse, die im Buch Jesaja und Jeremia verzeichnet sind, angeführt werden: »*Alle Völker sind vor Gott wie ein Nichts, für ihn sind sie wertlos und nichtig. Mit wem wollt ihr Gott vergleichen und welches Bild an seine Stelle setzen?*« (Jes 40,17f.) »*Niemand, Herr, ist wie du: Groß bist du, und groß an Kraft ist dein Name.*« (Jer 10,6)

Damit wurde zwar die Gottessicht vom Anthropomorphismus befreit, aber die Texte, die in der Hebräischen Bibel die menschliche Gestalt Gottes anführen, wurden weiterhin im Bibeltext belassen. Da biblischen Büchern schon in den ersten vorchristlichen Jahrhunderten eine gewisse Heiligkeit zugesprochen wurde, musste für die anthropomorphen Bezeichnungen Gottes eine Lösung gefunden werden. Ein erster Nachweis dafür findet sich in den erhalten gebliebenen Schriften Philos (15/10 vor Christus bis 45/50 nach Christus), des bedeutendsten Vertreters der jüdisch-alexandrinischen Philosophenschule. Philo vertrat die Meinung, dass es keine Widersprüche zwischen der Offenbarung und den Erkenntnissen gab, die durch die Vernunft gewonnen werden konnten. Sollten dennoch Widersprüche auftreten, dann seien sie nur vordergründig und der Mensch sei in der Lage, diese durch seinen Verstand aufzulösen. Dazu verwendete Philo die ethische Allegorese. Diese Methode war nicht neu, da sie schon von der Homerexegese des sechsten Jahrhunderts vor Christus angewandt worden war, um zu zeigen, dass sich die Götter in Rätseln, Orakeln und Mysterien mitteilen.[4]

Philo interpretiert die Verführung des ersten Menschenpaares durch die Schlange (Gen 3,1–19) mit der ethischen Allegorese als den Fall des Menschen, der den moralischen Ansprüchen nicht gewachsen war. Die Schlange verkörpert die heftigste aller menschlichen Leidenschaften, die Lust, die nicht auf die Vernunft (Adam), sondern auf die Sinne (Eva) einwirkt. Der Lust gelingt es dann mithilfe der Sinne, die Vernunft zu unterwerfen.

In der Folgezeit hat die Frühe Kirche mit dieser Methode in der Hebräischen Bibel Hinweise auf das Neue Testament finden wollen. So entstand die Typologie. Um diese Methode zu erläutern, sollen die drei Männer, Sendboten Gottes, angeführt werden, die Abraham aufsuchen, um ihm die Geburt eines Sohnes anzukündigen. (Gen 18,2) Die Exegeten der Frühen Kirche vermeinten in diesem Vers und auch in dem Ausruf der Serafim »heilig, heilig, heilig« vor Gott (Jes 6,3) die Bezeugung des dreieinigen Gottes zu sehen.

Jüdische Schriftgelehrte beschäftigten sich, wie schon im Vorwort betont, nicht mit der philosophischen Frage der Natur Gottes. Dennoch wurde über das »Verweilen« Gottes in der Welt nachgedacht. Als solche Gedankengänge dazu führten, dass aus dem »Verweilen« (der hebräische Ausdruck hierfür ist die »Schechina«) eine fast gottähnliche Person wurde, die mit der absoluten Einheit Gottes nicht vereinbar war, wurde bei der Erwähnung der Schechina der Ausdruck »als ob dies überhaupt möglich wäre« hinzugefügt.

Es wurde schon darauf hingewiesen, dass nicht nur die Vorstellung Gottes in Menschengestalt, sondern seine Ortsgebundenheit, die in frühen Schichten der Hebräischen Bibel beschrieben wurde, zu überwinden war.

Eine Reihe von Bibelversen bringt zum Ausdruck,

dass Gott während der Wüstenwanderung der Israeliten von Ägypten nach Palästina im Offenbarungszelt und danach im Allerheiligsten des Jerusalemer Tempels Wohnung genommen hat. So wie es im Buch Levitikus, im dritten Buch Moses steht: *»Ich schlage meine Wohnstätte in eurer Mitte auf.«* (Lev 26,11)

Die Auffassung über die Ortsgebundenheit Jahwes geht auch aus der Schilderung einer Begebenheit im 5. Kapitel des 2. Buches der Könige hervor:

Naaman, der Feldherr des Königs von Aram, war an Aussatz erkrankt. Er hörte, dass in Samaria, im nördlichen Teil Palästinas, ein Prophet wirke, der im Namen des Gottes Israels, Jahwe, Wunder vollbrachte. Er bat seinen König um Erlaubnis, diesen Propheten aufsuchen zu dürfen.

In Erfüllung dieser Bitte schrieb der König von Aram einen Brief an den König Israels, er möge veranlassen, dass Naaman von seinem Aussatz geheilt werde. Als der König Israels den Brief las, zerriss er seine Kleider, da er meinte, dass dem König von Aram der Brief nur als Vorwand diene, Israel anzugreifen, wenn seine Bitte abgeschlagen werden würde.

Als der Prophet Elischa von dem Vorfall Kenntnis erlangte, bat er den König Israels, er möge Naaman zu ihm schicken. Elischa heilte ihn im Namen Jahwes und Naaman erkannte dadurch, dass Jahwe ein mächtiger Gott ist. Er sagte darauf zu Elischa:

»Gebe man deinem Knecht so viel Erde, wie zwei Maultiere tragen können; denn dein Knecht wird keinem andern Gott mehr Brand- und Schlachtopfer darbringen als Jahwe allein. Nur dies möge Jahwe deinem Knecht verzeihen: Wenn mein Herr zur Anbetung in den Tempel Rimmons geht, stützt er sich dort auf meinen Arm. Ich muss mich dann im Tempel Rimmons niederwerfen, wenn er sich dort niederwirft. Dann möge das Jahwe deinem Knecht verzeihen.« (2 Kön 5,17f.)

Beim Lesen dieses Berichtes erkennt man nicht nur die Auffassung über die Ortsgebundenheit Jahwes, sondern auch die minutiös beschriebenen diplomatischen Gepflogenheiten. Ebenfalls ist erkennbar, dass zu dieser Zeit (es handelt sich wahrscheinlich um das achte vorchristliche Jahrhundert) ein religiöser Synkretismus außerhalb Palästinas keinen Anstoß erregte.

Später wurde auch nicht mehr angenommen, dass Gott als Person im Heiligtum wohnt, wie dies der folgende Vers zeigt: *»Ihr sollt nach der Stätte fragen, die der Herr, euer Gott, aus allen euren Stammesgebieten auswählen wird, indem er dort seinen Namen anbringt. Nach seiner Wohnung sollt ihr fragen, und dorthin sollst du ziehen.«* (Dtn 12,5) Radikal verneint der Vers im 1. Buch der Könige die Auffassung des Wohnens Gottes im Heiligtum: *»Wohnt denn Gott wirklich auf der Erde? Siehe,* *selbst der Himmel und die Himmel der Himmel fassen dich nicht, wieviel weniger dieses Haus.«* Das wird auch im Buch Hiob bekräftigt: *»Geh' ich nach Osten, so ist er nicht da, nach Westen, so merke ich ihn nicht, nach Norden, sein Tun erblicke ich nicht; bieg' ich nach Süden, sehe ich ihn nicht.«* (Hiob 23,8f.) Die Lösung von der Ortsgebundenheit Jahwes erfolgte vermutlich im Babylonischen Exil (586 vor Christus), um den in Babylonien lebenden Juden die Verehrung ihres Gottes auch außerhalb Palästinas zu ermöglichen.

So erscheint das zentrale Heiligtum der Israeliten im Buch Micha nicht mehr als Wohnung Jahwes, sondern in einem vergeistigten Licht: *»Denn von Zion kommt die Weisung, aus Jerusalem kommt das Wort des Herrn.«* (Micha 4,1f.)

3. Der Bund

Im vorstehenden Kapitel wurde schon darauf hingewiesen, dass der am Berg Horeb abgeschlossene Bund als ein Bund zwischen einem Stammesgott und seinem Volk zu verstehen ist. Aber schon vorher, im ersten Buch Moses, wird über den Abschluss eines Bundes zwischen Gott und Noach, seinen Söhnen sowie allen Lebewesen und deren Nachkommen berichtet. Dieser Bund beinhaltete aber nur eine einseitige Verpflichtung Gottes, keine Sintflut mehr über die Erde kommen zu lassen. (Gen 9,8–11)

In den diesem Bericht vorangehenden Thoraversen wird als Voraussetzung dieses Bundes das Verbot zu töten sowie das Verbot Blut zu essen erwähnt. Die Weisen der Thora folgerten aus Versen, die vor dem Kapitel über Noach stehen, dass noch weitere fünf Gebote für die Nachkommen Noachs verbindlich sind.

Es darf daher niemand Götzen anbeten, Blasphemie begehen, sich sexuellen Ausschweifungen hingeben oder stehlen, da die Nachkommenschaft Noachs alle Menschen umfasst. Es ist weiters jedem geboten, in einer Gesellschaft zu leben, die durch Gesetze geregelt ist. Das Verbot, Blut zu essen, wurde als Verbot, Teile eines lebendigen Tieres zu essen, verstanden.

Alle diese Gebote wurden als die sieben noachitischen Gebote verstanden, die von allen Menschen in der Nachfolge von Noach einzuhalten sind. Diesen wurden 613 Gebote gegenübergestellt, die den Juden durch den Bund auferlegt worden waren. Dies folgte der Intention, die Auserwähltheit des jüdischen Volkes nicht als ein besonderes Privileg, sondern als eine besondere Verpflichtung erscheinen zu lassen.

Der Bund, wie er in der Thora beschrieben wird, ist ein Rechtsdokument, das auf Vorbildern beruht, die im Nah- und Mittelöstlichen Raum schon viele Jahrhunderte vor dem Geschehen am Berg Horeb dokumentiert sind. Vor allem sind es akkadische Vasallenverträge, die eine ähnliche Struktur wie der Bundesschluss mit dem Volk Israel aufweisen.

Diese Vasallenverträge beinhalten wie der in der Thora beschriebene Bund folgende Kapitel: Präambel, historischer Prolog, Vertragsbedingungen, Hinterlegung, Vorlesen, Zeugen, Segen und Fluch. Beim Vergleich dieser beiden Dokumente fällt ein gewichtiger Unterschied auf: Während bei den akkadischen Verträgen mythische Götter als Zeugen angerufen werden, beruft sich die Thora auf Himmel und Erde. (Dtn 4,26) Die Tendenz, die hier zum Ausdruck kommt, ist an vielen Stellen der Hebräischen Bibel festzustellen. Es handelt sich um die Entmystifizierung der Welt und vor allem der Naturerscheinungen.

Eine Voraussetzung des Abschlusses des Bundes durch Israel war der von Gott den Menschen gewährte freie Wille. Dieser freie Wille ist auch ein unabdingbares Gut, das die Würde des Menschen bedingt. In der Hebräischen Bibel wird des Öfteren darauf hingewiesen, dass Gott die freie Wahl des Menschen anerkennt: »*Leben und Tod lege ich dir vor, Segen und Fluch. Wähle also das Leben, damit du lebst, du und deine Nachkommen.*« (Dtn 30,19)

Dieser freie Wille stand im Widerspruch mit Gottes Allmacht und Allwissenheit sowie mit dem Plan Gottes, auf den sich die Hebräische Bibel des Öfteren beruft. Jes 14,26: »*Das ist der Plan, der für die ganze Erde beschlossen ist.«* Oder: *»Der Ratschluss des Herrn bleibt ewig bestehen, die Pläne seines Herzens überdauern die Zeiten.«* (Ps 33,11)

Aus dem folgenden Vers ist sogar eine deterministische Auffassung zu entnehmen: *»Ich habe von Anfang an die Zukunft verkündet und lange vorher gesagt, was erst geschehen sollte. Ich sage: Mein Plan steht fest, und alles, was ich will, führe ich aus.«* (Jes 49,10) Es wurde gegen eine deterministische Geschichtsauffassung eingewendet, dass die Hebräische Bibel zeigt, dass Gott nicht nur agiert, sondern auf das Verhalten des Menschen reagiert.

Um die Entscheidung des Volkes über die Annahme des Bundes herbeizuführen, las Moses diesen Bund dem Volk vor, das folgendermaßen antwortete: *»Alles, was der Herr gesagt hat, wollen wir tun; wir wollen gehorchen.«* (Ex 19,8) Diese Zusage war auch für die Nachkommen verbindlich, wie die folgenden Verse zeigen: *»Der Herr, dein Gott, schließt heute mit dir diesen Bund, um dich heute als sein Volk einzusetzen und dein Gott zu werden, wie er es dir zugesagt und deinen Vätern Abraham, Isaak und Jakob geschworen hat. Nicht mit euch allein schließe ich diesen Bund und setze diese Verwünschung in Kraft, sondern ich schließe ihn mit denen, die heute hier bei uns vor dem Herrn, unserem Gott, stehen, und mit denen, die heute nicht hier bei uns sind.«* (Dtn 29,11–17)

Es wurde immer wieder die Frage gestellt, ob

dieser Bund aufkündbar sei, wenn einer der Partner – hier wurde nur an das Volk Israel gedacht – den Bestimmungen des Bundes zuwiderhandelt. Der folgende Vers unter anderen hat den Gedanken einer Widerrufbarkeit des Bundes aufkommen lassen: *»Jetzt aber, wenn ihr auf meine Stimme hört und meinen Bund haltet, werdet ihr unter allen Völkern mein besonderes Eigentum sein.«* (Ex 19,5)

Um dieser Ansicht entgegenzutreten, wurde immer wieder auf die Unauflösbarkeit dieses Bundes hingewiesen: *»an seinen Bund denkt er auf ewig«* (Ps 111,5) sowie: *»Ja, der Herr wird sein Volk nicht verstoßen und niemals sein Erbe verlassen.«* (Ps 94,13f.)

Im Buch des Propheten Jeremia wird mit einem Vergleich auf den ewigen Bestand des Bundes hingewiesen: *»So spricht der Herr: Nur wenn die Himmel droben abgemessen und unten die Grundfesten der Erde erforscht werden könnten, dann verwürfe auch ich Israels ganze Nachkommenschaft zur Strafe für all das, was sie getan haben – Spruch des Herrn.«* (Jer 31,37) Im Buch Hosea wird besonders poetisch diese durch den Bund innige Beziehung zwischen Gott und seinem Volk zum Ausdruck gebracht: *»Ich traue dich mir an auf ewig.«* (Hosea 2,21)

4. Die Strafen Gottes

Die Rückschläge, die das Volk Israel in der Geschichte erleiden musste, wurden von den Propheten als Strafe Gottes für das Nicht-Einhalten der von Gott gegebenen Gesetze gedeutet. Wiederholt wird im Buch der Richter berichtet: *»Als sie den Herrn verließen und dem Baal und den Astarten dienten, entbrannte der Zorn des Herrn gegen Israel.«* (Ri 2,13f.; cf 3,7f., 10,6f.)

Eine weitere Entwicklung zeichnet sich in der Auffassung über die kollektive Schuld gegenüber der individuellen und über die dafür verhängten Strafen ab:

Eine Kollektivstrafe wurde wegen der Rebellion Korachs und seiner Männer über ihre Familien verhängt. Sie alle, mit ihren Frauen und Kindern, wurden bestraft, wie es heißt: *»Kaum hatte er das gesagt, da spaltete sich der Boden unter ihnen, die Erde öffnete ihren Rachen und verschlang sie samt ihrem Haus, mit allen Menschen, die zu Korach gehörten, und mit ihrem ganzen Besitz.«* (Num 16,31f.)

Noch eklatanter wurde die Verfehlung Achans geahndet. Josua befahl, dass die gesamte Kriegsbeute verbrannt werden sollte. Möglicherweise war dies als Opfer gedacht. Dennoch nahm Achan *»einen schönen Mantel aus Schinar, außerdem zweihundert Schekel Silber und einen Goldbarren, der fünfzig*

Schekel wog« an sich. (Josua 7,21) *»Dann sagte Josua: Womit du uns ins Unglück gestürzt hast, damit stürzt dich der Herr heute ins Unglück. Und ganz Israel steinigte ihn. Sie verbrannten sie im Feuer und steinigten sie.«* (Josua 7,25)

An diesem Bibelvers ist die Arbeit eines Redakteurs zu erkennen. Anzunehmen ist, dass dieser den Satz *»Und ganz Israel steinigte ihn«* eingefügt hat, um diese Kollektivstrafe, die zum Zeitpunkt der Redaktion nicht mehr den ethischen Auffassungen entsprach, zu korrigieren. Ein anderer, traditionell gesinnter Redakteur hat vermutlich den Originaltext wieder hinzugefügt. Der Widerspruch in diesem Vers könnte auf diese Weise entstanden sein.

Diese Tendenz, von einer Kollektivstrafe zu einer Bestrafung des Missetäters allein überzugehen, zeigt sich auch im Vergleich der folgenden Verse: *»Er bewahrt Tausenden Huld, nimmt Schuld, Frevel und Sünde weg, lässt aber* (den Sünder) *nicht ungestraft; er verfolgt die Schuld der Väter an den Söhnen und Enkeln, an der dritten und vierten Generation.«* (Ex 43,7) In diesem Vers wurde die Strafe sogar auf die Nachkommen eines Sünders verhängt.

Im Buch des Propheten Jeremia wird jede Kollektivstrafe mit folgenden Worten abgelehnt: *»Nein, jeder stirbt nur für seine eigene Schuld.«* (Jer 31,30)

Anfänglich wurde die Sünde, die zu Strafen führte, als eine Ausnahme im menschlichen Verhalten gesehen. Mit der Zeit hat sich ein Skeptizismus über die von Gott gegebenen, positiven menschlichen Eigenschaften verbreitet. Hieß es in der Frühzeit noch: *»Du hast ihn nur wenig geringer gemacht als Gott, hast ihn mit Herrlichkeit und Ehre gekrönt.«* (Ps 8,6), so musste man einsehen, dass *»das Trachten des Menschen böse von Jugend an ist«.* (Gen 8,21)

Anscheinend war es den Juden nicht möglich, den Bund einzuhalten, da ihre moralische Stärke dazu nicht ausreichte.

Vermutlich deshalb entstand der Gedanke, dass Gott mit einem neuen Bund dem Menschen auch die Fähigkeit verleihen sollte, den hohen ethischen Anforderungen der göttlichen Gebote und Verbote zu entsprechen. In diesem Sinne sind die folgenden Verse aus dem Buch des Propheten Jeremia zu verstehen:

»Seht, es werden Tage kommen – Spruch des Herrn – in denen ich mit dem Haus Israel und dem Haus Juda einen neuen Bund schließen werde, nicht wie der Bund war, den ich mit ihren Vätern geschlossen habe, als ich sie bei der Hand nahm, um sie aus Ägypten herauszuführen. Diesen meinen Bund haben sie gebrochen, obwohl ich ihr Gebieter war – Spruch des Herrn. Denn das wird der Bund sein, den ich nach diesen Tagen mit dem Haus Israel schließe – Spruch des Herrn: Ich lege mein Gesetz in sie hinein und schreibe es auf ihr Herz. Ich werde ihr Gott sein, und sie werden mein Volk sein.« (Jer 31,31ff.)

Diese Gedanken sind auch im Buch des Propheten Ezekiel zu finden: *»Werft alle Vergehen von euch, die ihr verübt habt! Schafft euch ein neues Herz und einen neuen Geist!«* (Ez 18,31) sowie: *»Ich schenke euch ein neues Herz und lege einen neuen Geist in euch. Ich nehme das Herz von Stein aus eurer Brust und gebe euch ein Herz von Fleisch.«* (Ez 36,26)

Diese Überlegungen führen zu einer neuen Frage: Wie steht es denn mit Gottes Gerechtigkeit; wenn Gott den Menschen nicht so vollkommen geschaffen hat, sodass er immer wieder dem Einfluss des Bösen unterliegt. Wieso trägt dann der Mensch die Verantwortung für seine Missetaten, und wieso ist es gerecht, dass Gott ihn dafür bestraft?

5. Gottes Gerechtigkeit

Um der Beantwortung dieser oben gestellten Fragen näher zu kommen, soll von der Schöpfungserzählung ausgegangen werden. Es steht geschrieben, dass Gott den Menschen *»als sein Abbild«* schuf. (Gen 1,27) Er verlieh ihm dabei auch seine *»Lebendigkeit«* (*»Der Herr aber ist in Wahrheit Gott, lebendiger Gott«*, Jer 10,10; cf Jos 3,10). Daher konnte sich der Mensch mit seinem Dasein im Paradies ohne Erkenntnisse über Gut und Böse sowie Ursache und Wirkung nicht begnügen. Das Menschenpaar unterlag dem immanenten Trieb der Neugierde und aß von der Frucht, die ihm vom »*Bösen*« gereicht wurde. (Gen 3,6) Mit dieser Ursünde wurde es dem Menschen überantwortet, zwischen Gut und Böse zu unterscheiden und das Gute zu wählen: »*Nicht wahr, wenn du recht tust, darfst du aufblicken; wenn du nicht recht tust, lauert an der Tür die Sünde als Dämon. Auf dich hat er es abgesehen, doch du werde Herr über ihn!*« (Gen 4,7) Die Lebenswelt des Menschenpaares änderte sich auch radikal: Es wurde aus dem Paradies vertrieben und in eine Welt gesetzt, in der es sich zu bewähren hatte.

Mit dieser Erzählung wurde nicht nur die Erklärung für das Vorhandensein menschlicher Schwächen, sondern auch für eine, im Vergleich zum Paradies, unvollkommene Welt gegeben.

Aus mehreren Stellen der Hebräischen Bibel ist zu entnehmen, dass Gott zwar die Menschen aus dem Paradies vertrieb, sich aber dennoch weiterhin ihrer annahm. So steht geschrieben, dass Gott »*Adam und seiner Frau Röcke aus Fellen machte und sie damit bekleidete*«, anscheinend um sie für die Verhältnisse, die in der Welt herrschen, besser auszustatten. (Gen 3,21) Aber nicht nur den Körper des Menschen wollte Gott geschützt wissen. Er gab ihnen Verhaltensregeln und erzog sie mit Strafen und Wohltaten.

Diese Verhaltensregeln wurden nicht nur in Form von Gesetzen und Vorschriften erteilt, sondern auch durch den Auftrag, der Mensch möge in seinen ethischen Entscheidungen Gott nachahmen: *»Der Herr lässt dich erstehen als das Volk, das ihm heilig ist, wie er es dir unter der Bedingung geschworen hat, dass du auf die Gebote des Herrn, deines Gottes, achtest und auf seinen Wegen gehst.«* (Dtn 28,9) Diese idealen Verhaltensweisen, auf Gottes Wegen zu gehen, sind unter anderem in den Büchern Micha und den Psalmen zu finden: *»Er zeige uns seine Wege, auf seinen Pfaden wollen wir gehen.«* (Micha 4,1) sowie: *»Weise mir, Herr, deinen Weg; ich will ihn gehen in Treue zu dir.«* (Ps 86,11)

Um diese Forderung, Gott nachzuahmen, zu erheben, musste vorher das Bild Gottes von den allzu menschlichen Zügen, wie Reue und Zorn, befreit werden. Diese Entwicklung lässt sich in folgenden Versen der Hebräischen Bibel nachzeichnen: In dem vermutlich früher anzusetzenden Vers heißt es: *»Da reut es den Herrn, auf der Erde den Menschen gemacht zu haben, und es tat seinem Herzen weh.«* (Gen 6,6)

Demgegenüber wird ausgesagt: *»Gott ist kein Mensch, der lügt, kein Menschenkind, das etwas bereut. Spricht er etwas und tut es dann nicht, sagt er etwas und hält es dann nicht?«* (Num 23,19) oder: *»Er, der ewige Ruhm Israels, kann weder lügen noch* *bereuen. Er ist doch kein Mensch, so dass er etwas bereuen müsste.«* (1 Sam 15,29) Eine der Aussagen über den Zorn Gottes lautet wie folgt: *» Ein eifernder und rächender Gott ist der Herr. Der Herr übt Rache und ist voll Zorn. Der Herr übt Rache an seinen Gegnern und hält fest am Zorn gegen seine Feinde.«* (Nah 1,2) Diese Aussage wird durch den folgenden Vers zurechtgerückt: *»Ich will meinen glühenden Zorn nicht vollstrecken und Efraim nicht noch einmal vernichten. Denn ich bin Gott, nicht ein Mensch, der Heilige in deiner Mitte. Darum komme ich nicht in der Hitze des Zorns.«* (Hos 11,9)

Die Ansicht, dass Gott die Strafe als Mittel der Erziehung des Menschen einsetzt, ist in der Hebräischen Bibel an vielen Stellen zu finden. Es wird auch der Versuch unternommen, den Menschen den Sinn der Strafe zu erklären: *»Sollte der nicht strafen, der die Völker erzieht, er, der die Menschen Erkenntnis lehrt?«* (Ps 94,10) und: *»Daraus sollst du die Erkenntnis gewinnen, dass der Herr, dein Gott, dich erzieht, wie ein Vater seinen Sohn erzieht.«* (Dtn 5,8) Im gleichen Sinne wird in den Psalmen Gottes Erziehungswerk gelobt: *»Wohl dem Mann, den du, Herr, erziehst, den du mit deiner Weisung belehrst. Du bewahrst ihn vor bösen Tagen.«* (Ps 94,12f.)

Dementsprechend werden von Gott für das Befolgen der Gesetze Wohltaten in Aussicht gestellt:

»Wenn du auf die Gebote des Herrn, deines Gottes, auf die ich dich heute verpflichte, hörst, indem du den Herrn, deinen Gott, liebst, auf seinen Wegen gehst und auf seine Gebote, Gesetze und Rechtsvorschriften achtest, dann wirst du leben und zahlreich werden, und der Herr, dein Gott, wird dich in dem Land, in das du hineinziehst, um es in Besitz zu nehmen, segnen.« (Dtn 30,16)

Gegensätzliche Meinungen gibt es aber über den Erfolg dieser Maßnahmen. Einerseits steht: *»Du hast mich erzogen, und ich ließ mich erziehen wie ein ungezähmter Jungstier. Führ mich zurück, umkehren will ich; denn du bist der Herr, mein Gott. Ja, nach meiner Umkehr fühle ich Reue; nachdem ich zur Einsicht gekommen bin, schlage ich an meine Brust. Ich bin beschämt und erröte; denn ich trage die Schande meiner Jugend.«* (Jer 31,18f.)

Andererseits wird die Nutzlosigkeit dieser Erziehung hervorgehoben: *»Vergeblich schlug ich eure Söhne; sie ließen sich nicht erziehen.«* (Jer 2,30) und: *»Du hast sie geschlagen, aber es tut ihnen nicht weh; du hast sie beinahe vernichtet, aber sie wollen sich nicht erziehen lassen. Ihre Stirn ist härter als Stein, sie weigern sich umzukehren.«* (Jer 5,3)

In der Hebräischen Bibel wird auch das Prinzip der Gerechtigkeit und damit auch die Gerechtigkeit Gottes festgelegt. Es handelt sich dabei um die sogenannte *lex talionis*: *»Auge für Auge, Zahn für*

Zahn, Hand für Hand, Fuß für Fuß, Brandmal für Brandmal, Wunde für Wunde, Strieme für Strieme.« (Ex 21,24f.)

Dieses Prinzip sagt aus, dass die Strafe oder auch der Lohn im Verhältnis zur Tat bemessen werden soll. In der damaligen Zeit war dies ein bedeutender Fortschritt, da es üblich war und teilweise noch ist, sich am Täter und dessen Familie im Übermaß zu rächen.

Die wortwörtliche Anwendung dieser *lex talionis* wurde im Judentum wahrscheinlich nie vollzogen. Es wären sonst Spuren einer solchen Gerichtsbarkeit in den biblischen Schriften erhalten geblieben. Anzunehmen ist daher, dass diese Regelung von Anfang an als ein Prinzip und nicht als ein anwendbares Gesetz angesehen wurde. In der späteren Zeit, im ersten vorchristlichen Jahrhundert, wurde von dem Gelehrten Hillel die Goldene Regel erstellt, die ebenfalls auf diesem Prinzip beruht: *»Was du nicht willst, das man dir antut, tue auch nicht deinem Nächsten an.«*

Für die Auffassung der Hebräischen Bibel über die Gerechtigkeit Gottes dem Menschen gegenüber ist folgender Vers bezeichnend: *»Was der Mensch tut, das vergilt er ihm, nach eines jeden Verhalten lässt er es ihn treffen.«* (Hiob 34,11)

Dennoch wird in der Hebräischen Bibel immer wieder betont, dass der Mensch vor Gottes Gerechtigkeit allein nicht bestehen kann. Die Barmherzigkeit ist eine wesentliche Eigenschaft Gottes, welche die Welt erhält: »*Denn der Herr, dein Gott, ist ein barmherziger Gott. Er lässt dich nicht fallen und gibt dich nicht dem Verderben preis und vergisst nicht den Bund mit deinen Vätern, den er ihnen beschworen hat.*« (Dtn 4,31) Obwohl der Mensch mitunter die höchste Strafe verdient, bekräftigt die Hebräische Bibel, dass die Barmherzigkeit Gottes ihn weiter am Leben lässt: »*In deinem großen Erbarmen hast du sie aber nicht ausgerottet; du hast sie nicht verlassen, denn du bist ein gnädiger und barmherziger Gott.*« (Neh 9,31)

Zwar beruht das Verhältnis zwischen Gott und dem Menschen, so wie das der Bund vorsieht, weiterhin auf Gerechtigkeit, aber der Mensch darf dennoch auf Gottes Barmherzigkeit zählen. Im Buch des Propheten Hosea wird dieses Verhältnis poetisch ausgedrückt: »*Ich traue dich mir an auf ewig; ich traue dich mir an um den Brautpreis von Gerechtigkeit und Recht, von Liebe und Erbarmen.*« (Hos 2,21)

Die Liebe Gottes zu den Menschen und die Liebe des Menschen zu Gott bedeutet, dass das Verhältnis zwischen Gott und dem Menschen auf eine höhere Stufe gestellt wird als eine bloße Rechtsbeziehung. Diese Auffassung soll auch im Verhältnis des Menschen zu seinen Mitmenschen zur Geltung kommen, um dem Prinzip der *imitatio dei* zu entsprechen. Gott weiß, dass die meisten Menschen sich selbst am meisten lieben und deshalb gibt er diese Liebe als Richtschnur für die Menschenliebe: *»Du sollst deinen Nächsten lieben wie dich selbst. Ich bin der Herr.«* (Lev 19,18)

Die Aufforderung, Gott zu lieben, ist an vielen Stellen der Hebräischen Bibel festgeschrieben: Die vielleicht wichtigste Stelle ist die folgende, weil sie in das tägliche Gebet der Juden Eingang gefunden hat: *»Höre, Israel! Jahwe, unser Gott, Jahwe ist einzig. Darum sollst du den Herrn, deinen Gott, lieben mit ganzem Herzen, mit ganzer Seele und mit ganzer Kraft.«* (Dtn 6,5)

Als Jesus gefragt wurde: *»Meister, welches Gebot im Gesetz ist das wichtigste? antwortete er: Du sollst den Herrn, deinen Gott, lieben mit ganzem Herzen, mit ganzer Seele und mit all deinen Gedanken. Das ist das wichtigste und erste Gebot. Ebenso wichtig ist das zweite: Du sollst deinen Nächsten lieben wie dich selbst. An diesen beiden Geboten hängt das ganze Gesetz samt den Propheten.«* (Mat 22,36–40)

Besonders eindrucksvoll sind die beiden nachstehenden Verse, die die Liebe Gottes zu seinem Geschöpf mit der Liebe des Vaters und der Mutter zu ihren Kindern vergleichen: *»Wie ein Vater sich seiner Kinder erbarmt, so erbarmt sich der Herr über alle, die ihn fürchten.«* (Ps 103,13) und: *»Mit* *menschlichen Fesseln zog ich sie an mich, mit den Ketten der Liebe. Ich war da für sie wie die, die den Säugling an ihre Wangen heben. Ich neigte mich ihm zu und gab ihm zu essen.«* (Hos 11,4)

Gott als Vater wird in der Hebräischen Bibel oft im sozialen Kontext erwähnt: *»Ein Vater der Waisen, ein Anwalt der Witwen ist Gott in seiner heiligen Wohnung.«* (Ps 68,6) Im selben Kontext wird Gott auch als Anwalt gesehen: *»Beraube den Schwachen nicht, denn er ist ja so schwach, zertritt den Armen nicht am Tor! Denn der Herr führt den Rechtsstreit für sie und raubt denen das Leben, die sie berauben.«* (Spr 22,22f.)

Gott mahnt auch das Volk Israels, im Umgang mit Fremden sowie mit der sozialen Unterschicht gerecht zu verfahren: *»Denk daran: Als du in Ägypten Sklave warst, hat der Herr, dein Gott, dich freigekauft. Darum verpflichte ich dich heute auf dieses Gebot.«* (Dtn 15,15)

Wurde eine Sünde gegen Gott ohne Vorsatz begangen, konnte sie in früheren Zeiten, als noch die Kollektivschuld im Vordergrund stand, durch ein Opfer gesühnt werden: *»dann soll er (…), der sündigt und dadurch Schuld auf das Volk lädt, dem Herrn für die von ihm begangene Sünde einen fehlerlosen Jungstier als Sündopfer darbringen. So entsühnt der Priester den Betreffenden und löst ihn von seiner Sünde; dann wird ihm vergeben werden.«* (Lev 4,3.26.)

In vermutlich später verfassten Versen der Hebräischen Bibel wird von Gott vor allem auf die Einsicht des Sünders Wert gelegt: *»Da bekannte ich dir meine Sünde und verbarg nicht länger meine Schuld vor dir. Ich sagte: Ich will dem Herrn meine Frevel bekennen. Und du hast mir die Schuld vergeben.«* (Ps 32,5) Eine besondere Wirkung, die vermutlich am Anfang der Entwicklung stand, wurde der Interzession (das ist die Bitte eines besonders einflussreichen Vermittlers) zugeschrieben. So bat Moses: *»Verzeih also diesem Volk seine Sünde nach deiner großen Huld, wie du diesem Volk auch schon bisher vergeben hast, von Ägypten bis hierher. Da sprach der Herr: Ich verzeihe ihm, da du mich bittest.«* (Num 14,19f.) Anzunehmen ist, dass das persönliche Gebet erst später im Vordergrund stand: *»Du erhörst die Gebete. Alle Menschen kommen zu dir unter der Last ihrer Sünden. Unsere Schuld ist zu groß für uns, du wirst sie vergeben.«* (Ps 65, 3f.)

Die Sünden, die gegenüber Mitmenschen begangen wurden, sollen so weit als nur möglich durch Wiedergutmachung getilgt werden: *»Sie sollen die Sünde, die sie begangen haben, bekennen, und der Schuldige soll das, was er schuldet, voll ersetzen und dem, an dem er schuldig geworden ist, noch ein Fünftel dazugeben.«* (Num 5,7)

Obwohl der Opferkult, so lange das Heiligtum in Jerusalem bestand, aufrechterhalten wurde (70 nach

Christus), gab es immer wieder Prophetenworte, die diesen Kult relativierten: »*Wenn ihr mir Brandopfer darbringt, ich habe kein Gefallen an euren Gaben, und eure fetten Heilsopfer will ich nicht sehen ... sondern das Recht ströme wie Wasser, die Gerechtigkeit wie ein nie versiegender Bach.*« (Amos 5,22.24.) und: »*Liebe will ich, nicht Schlachtopfer, Gotteserkenntnis statt Brandopfer.*« (Ex 32,34)

6. Die Gottesfurcht

Die Furcht und der Schrecken, die die Israeliten befielen, als Jahwe sich am Berg Horeb niederließ, um seine Gesetze zu verkünden, ist, wie man annehmen kann, der Ausgangspunkt der Entwicklung des Begriffes »*Gottesfurcht*«. Diese Entwicklung schritt dann bis in die hellenistische Zeit, im dritten vorchristlichen bis ersten nachchristlichen Jahrhundert fort.

Die Gottes-Anwesenheit wird bei der Verkündung folgendermaßen beschrieben: »*Der ganze Sinai war in Rauch gehüllt, denn der Herr war im Feuer auf ihn herabgestiegen. Der Rauch stieg vom Berg auf wie Rauch aus einem Schmelzofen. Der ganze Berg bebte gewaltig; das ganze Volk erlebte, wie es donnerte und blitzte, wie Hörner erklangen und der*

Berg rauchte. Da bekam das Volk Angst, es zitterte und hielt sich in der Ferne.« (Ex 19,18;20,18)

Diese Beschreibung zeigt noch den anfänglich erwähnten Ursprung der Jahwe-Verehrung, als dieser noch als Wettergott angebetet wurde. Von hier aus könnte man zwei unterschiedliche Entwicklungslinien nachvollziehen. Die eine führt zum Bericht im Buch der Könige: Elija wurde von Gott zum »Gottesberg Horeb« gebracht, um dort Gott sein Anliegen vorzutragen. Er verbarg sich in einer Höhle: *»Da zog der Herr vorüber: Ein starker, heftiger Sturm, der die Berge zerriss und die Felsen zerbrach, ging dem Herrn voraus. Doch der Herr war nicht im Sturm. Nach dem Sturm kam ein Erdbeben. Doch der Herr war nicht im Erdbeben. Nach dem Beben kam ein Feuer. Doch der Herr war nicht im Feuer. Nach dem Feuer kam ein sanftes, leises Säuseln. Als Elija es hörte, hüllte er sein Gesicht in den Mantel, trat hinaus und stellte sich an den Eingang der Höhle.«* (1. Könige 19,9–13) Es ist anzunehmen, dass diese Beschreibung das mit Naturereignissen verbundene, furchtbare Erscheinen Gottes zurechtrücken sollte.

Die zweite Entwicklungslinie geht von dem in den Menschen entstandenen Schrecken aus. Die Hebräische Bibel beschreibt, dass Moses, als er wahrnahm, wie das Volk von der Erscheinung Gottes in Schrecken versetzt wurde, sagte: *»Fürchtet euch nicht! Gott ist gekommen, um euch auf die Probe* *zu stellen. Die Furcht vor ihm soll über euch kommen, damit ihr nicht sündigt.«* (Ex 20,20) Hier erfolgt eine Differenzierung zwischen Schrecken und Gottesfurcht.

Im Buch Nehemia wird die Gottesfurcht mit einer weiteren Facette bereichert. Es heißt dort: *»Herr, Gott des Himmels, du großer und furchtgebietender Gott! Du hältst deinen Bund und bewahrst deine Gnade denen, die dich lieben und deine Gebote halten.«* (Neh 1,5; cf 9,2) Vermutlich aus späterer Zeit stammt der folgende Vers: *»Anfang der Weisheit ist die Gottesfurcht, die Kenntnis des Heiligen ist Einsicht.«* (Ps 111,10; cf Hiob 28,28) Man ist versucht, die Behauptung aufzustellen, dass im folgenden Vers die Entwicklung des Begriffes »Furcht vor Gott« zu einem Endpunkt gelangte: *»Doch bei dir ist Vergebung, damit man in Ehrfurcht dir dient.«* (Ps 130,4) Die Gottesfurcht wird in dreizehn Versen des Buches der Sprichwörter erwähnt. Da das hebräische Wort für Gewissen an keiner Stelle der Hebräischen Bibel aufscheint,[6] ist anzunehmen, dass an manchen Stellen dieser Verse im Buch der Sprichwörter die *»Gottesfurcht«* nicht anstelle von »Ehrfurcht«, sondern anstelle des Begriffes »auf das Gewissen hören« steht: *»Gottesfurcht ist Anfang der Erkenntnis, nur Toren verachten Weisheit und Zucht.«* oder: *»Gottesfurcht verlangt, Böses zu hassen.«* (Spr 1,7; 8,13)

7. Die Heiligkeit Gottes

Rudolf Otto beschäftigte sich in seinen grundlegenden Arbeiten mit dem Numinosen, aus dem der Begriff »Heilig« hervorging.[7] Er prägte den Begriff *mysterium tremendum* für die Wirkung des Numinosen. Nur in den wahrscheinlich frühen Schichten der Hebräischen Bibel ist diese furchterregende Eigenschaft Gottes zu finden, so unter anderem bei der oben angeführten Beschreibung der Anwesenheit Gottes auf dem Berg Horeb und im folgenden Bibelvers: »*Als Aaron und alle Israeliten Mose sahen, strahlte die Haut seines Gesichtes Licht aus, und sie fürchteten sich, in seine Nähe zu kommen.*« (Ex 34,30) Der Tabubegriff, der mit dem Numinosen verbunden ist, zeigt sich in zwei Berichten der Bibel: »*Die Söhne Aarons, Nadab und Abihu, nahmen jeder seine Räucherpfanne. Sie legten Feuer auf, taten Räucherwerk darauf und brachten vor dem Herrn ein unerlaubtes Feuer dar, eines, das er ihnen nicht befohlen hatte. Da ging vom Herrn ein Feuer aus, das sie verzehrte, und sie kamen vor dem Herrn um.*« (Lev 10,1f.)

Eine zweite Bibelstelle berichtet über den Transport der Bundeslade nach Jerusalem. Diese wäre vom Wagen gefallen, wenn nicht Usa, der in der Nähe stand, sie angefasst hätte. »*Da entbrannte der Zorn des Herrn gegen Usa, und Gott erschlug ihn auf der*

Stelle wegen dieser Vermessenheit, so dass er neben der Lade Gottes starb.« (2 Sam 6,6f.)

Der numinose Begriff der Heiligkeit bei den Völkern des Nahen und Mittleren Ostens war nicht nur allein mit Furcht und Schrecken verbunden. Diese Völker grenzten zwar das Heilige vom Profanen streng ab, dennoch drohte das Heilige stets auf das Profane überzugreifen. Im numinosen Bereich waren Orte, Objekte oder Personen, manchmal auch Götter heilig. Demgegenüber war im Judentum die einzige Quelle für das Heilige Gott selbst. Durch ihn und nur durch ihn wurden Personen, Kultobjekte und Orte der Anbetung heilig.[8] So heißt es: *»Seid heilig, denn ich, der Herr, euer Gott, bin heilig.«* (Lev 19,2) Diese Heiligkeit strahlt von Gott auf die ganze Erde aus: *»Heilig, heilig, heilig ist der Herr der Heere. Von seiner Herrlichkeit ist die ganze Erde erfüllt.«* (Jes 6,3)

8. Die Eschatologie

Die frühesten Anschauungen auf das am Ende der Welt zu erlangende Ziel sind wahrscheinlich aus der Sehnsucht nach Frieden motiviert worden. So ist auch die wunderschöne Friedensvision im Buch des Propheten Jesaja zu verstehen: *»Dann wohnt der Wolf* *beim Lamm, der Panther liegt beim Böcklein. Kalb und Löwe weiden zusammen, ein kleiner Knabe kann sie hüten. Kuh und Bärin freunden sich an, ihre Jungen liegen beieinander. Der Löwe frisst Stroh wie das Rind. Der Säugling spielt vor dem Schlupfloch der Natter, das Kind streckt seine Hand in die Höhle der Schlange. Man tut nichts Böses mehr und begeht kein Verbrechen auf meinem ganzen heiligen Berg; denn das Land ist erfüllt von der Erkenntnis des Herrn, so wie das Meer mit Wasser gefüllt ist. An jenem Tag wird es der Spross aus der Wurzel Isais sein, der dasteht als Zeichen für die Nationen; die Völker suchen ihn auf; sein Wohnsitz ist prächtig.«* (Jes 11,6–12)

Der Ausdruck »*Spross aus der Wurzel Isais*« bezieht sich auf König David, Sohn des Isais. Aufgrund der an König David ergangenen Weissagung wurde ein Herrscher erwartet, der das Königtum und damit die Unabhängigkeit Israels wieder herstellen wird: *»Dein Haus und dein Königtum sollen durch mich auf ewig bestehen bleiben; dein Thron soll auf ewig Bestand haben.«* (2 Sam 7,16)

Ein König wurde bei seiner Einsetzung gesalbt und »*Messias*« kommt aus dem hebräischen Wort für »*der Gesalbte*«. So entstand in den Schriften, die neben und nach der Hebräischen Bibel verfasst wurden, die messianische Erwartung.

Da sich solche Gottessprüche nicht erfüllten und die Sünder ihre wohlverdiente Strafe zu ihren Lebzeiten nicht erhielten, wurde der irdischen Gerechtigkeit Gottes mit mehr und mehr Unverständnis begegnet. Am Anfang der Entwicklung, so die Annahme, hieß es noch: »*Nie sah ich einen Gerechten verlassen noch seine Kinder betteln um Brot.*« (Ps 37,25) sowie: »*Wenn auch die Frevler gedeihen und alle, die Unrecht tun, wachsen, so nur, damit du sie für immer vernichtest.*« (Ps 92,8)

Dann wurde dieses Unverständnis in Frageform gekleidet: »*Du bleibst im Recht, Herr, wenn ich mit dir streite; dennoch muss ich mit dir rechten. Warum haben die Frevler Erfolg, weshalb können alle Abtrünnigen sorglos sein?*« (Jer 12,1) Später wurde mehr und mehr drängend nachgefragt: »*Warum bleiben Frevler am Leben, werden alt und stark an Kraft?*« (Hiob 31,7) Bis dann der Gedanke aufkam, dass sowohl das messianische Reich als auch die ausgleichende Gerechtigkeit, die den Bösen Schlechtes und den Guten Gutes widerfahren lässt, erst nach einer Auferstehung im nächsten Leben verwirklicht werden wird.

Über das Schicksal nach dem Tod ist im Judentum ein radikales Umdenken zu erkennen. Zuerst sah man in der Unterwelt (Scheol) den ewigen Aufenthaltsort der Toten. Diese waren, so wie man es von den Toten gesehen hat, ohne Leben. Darum steht in den frühen Schichten der Hebräischen Bibel: »*Tote können den Herrn nicht mehr loben, keiner, der ins*

Schweigen hinabfuhr.« (Ps 115,17) und: *»Die Toten werden nicht leben, die Verstorbenen stehen nie wieder auf; denn du hast sie bestraft und vernichtet, jede Erinnerung an sie hast du getilgt.«* (Jes 26,14) Es wäre möglich, dass sich dieser Vers nur auf die Ungerechten bezieht, da dies das Wort *»Strafe«* andeuten könnte. In Texten, die vielleicht schon im vierten Jahrhundert vor Christus entstanden sind, wird aber schon eindeutig eine Auferstehung aller Menschen angenommen: *»Deine Toten werden leben, die Leichen stehen wieder auf; wer in der Erde liegt, wird erwachen und jubeln. Denn der Tau, den du sendest, ist ein Tau des Lichts; die Erde gibt die Toten heraus.«* (Jes 26,19)

Diese Auferstehung wurde auch mit einem *»Ablegen von Rechenschaft«* (Ex 32,4) verbunden. Das ewige Leben wurde dann nur den Gerechten zuteil: *»Von denen, die im Land des Staubes schlafen, werden viele erwachen, die einen zum ewigen Leben, die anderen zur Schmach, zu ewigem Abscheu.«* (Dan 12,2) Wahrscheinlich parallel zu dieser Auffassung wird die Auferstehung aller Menschen angenommen: *»Du lässt die Menschen zurückkehren zum Staub und sprichst: ›Kommt wieder, ihr Menschen!‹«* (Ps 90,3)

Aber nicht nur der Mensch soll zu einem neuen Leben erwachen, es soll auch eine neue Welt erstehen: *»Wie der neue Himmel und die neue Erde, die* *ich erschaffe, vor mir stehen.«* (Jes 66,22) Diese Gedankengänge führen zur Apokalyptik, einer Lehre, die vor allem in den Apokryphen, so im Buch Henoch, ihren Niederschlag gefunden hat.

9. Nachwort

In dieser Schrift wurde der Versuch unternommen, die Eckpunkte der Sicht Gottes in der Hebräischen Bibel zu schildern. Über jedes der angeführten Kapitel wurde eine Großzahl umfangreicher Bücher verfasst. Ich ersuche daher um Verständnis dafür, dass der obige Text nur als ein kurzer Gedankengang verfasst wurde, der keinen Anspruch auf Vollständigkeit erhebt. Einige Kapitel, wie die »Attribute Gottes« oder der »himmlische Hofstaat«, fehlen praktisch zur Gänze. Bei der Erarbeitung der obigen Ausführungen wurde methodisch so vorgegangen, dass versucht wurde, die Bibel aus der Bibel zu erklären. Es würde mich freuen, wenn dieser Aufsatz dem Leser, trotz der angeführten Kürze, einige Anregungen geben könnte.

Anmerkungen

1 Hentschel, Georg, Die Propheten Elija, Micha und Elischa, in: Von Bileam bis Jesaja. Studien zur alttestamentlichen Prophetie von ihren Anfängen bis zum 8. Jahrhundert v. Chr., Hg: Wallis, Gerhard, Berlin 1984, S. 71.
2 Xenophanes, Poetarum philosophorum fragmenta, herausgegeben und übersetzt von Diels, Hermann, Berlin 1901, S. 20.
3 Albertz, Rainer, Religionsgeschichte Israels in alttestamentlicher Zeit, Bd. 1, Göttingen 1992, S. 198 u. 223. Vor Rainer Albertz hat schon Roland de Vaux die gleiche Ansicht vertreten, in: Das Alte Testament und seine Lebensordnungen, Bd. 1, Freiburg, Wien [u.a.], 1960, S. 164. Französische Originalausgabe: Les Institutions de l'Ancien Testament, Paris 1958/1960.
4 Edsman, Allegorie, RGG3 Bd. 1, S. 238.
5 Encyclopaedia Judaica, Bd. 4, Sp.1014f., 1017.
6 An vier Stellen der Einheitsübersetzung der Hebräischen Bibel wird das hebräische Wort für »Herz« mit »Gewissen« übersetzt.
7 Otto, Rudolf, Das Heilige über das Irrationale in der Idee des Göttlichen und sein Verhältnis zum Rationalen, Breslau 1923; Otto, Rudolf, Aufsätze das Numinose betreffend, Gotha 1923.
8 Encyclopaedia Judaica, Bd. 10, Sp. 866f.

Der Autor

Peter Landesmann, DI DDDr., geb. 1929 in Wien. Studien: Hochschule für Bodenkultur; Universität Wien: Judaistik, Evangelische und Katholische Theologie. Autor der Bücher »Die Juden und ihr Glaube«, »Die Juden und ihre Widersacher«, »Rabbiner aus Wien«, »Die Himmelfahrt des Elija«. Sommersemester 2000 Lektor an der Universität Wien, Dezember 2006 Honorarprofessor der Universität Wien für das Fach Judaistik.